AF337015

DISCOURS

DE

LUCIEN BONAPARTE,

PRÉSIDENT DU CONSEIL DES CINQ-CENTS,

PRONONCÉS au palais de Saint-Cloud, à la séance
du 19 brumaire an 8.

DISCOURS

DE

LUCIEN BONAPARTE,

PRÉSIDENT DU CONSEIL DES CINQ-CENTS,

AUX TROUPES,

Au milieu de la cour du palais de Saint-Cloud,
le 19 brumaire an 8.

Lucien Bonaparte arrive dans la cour du palais au milieu des grenadiers qui l'avoient arraché de l'Orangerie pour le soustraire aux poignards : il est reçu au milieu des acclamations universelles : Vive la République ! à bas les assassins ! *Il monte à cheval au milieu des troupes : un roulement rétablit le silence ; il s'écrie d'une voix forte et animée :*

Citoyens,

Le président du Conseil des Cinq-Cents vous déclare que l'immense majorité de ce Conseil est dans ce moment sous la terreur de quelques représentans à stylets qui assiégent la tribune, présentent la mort à

A

leurs collègues, et enlèvent les délibérations les plus affreuses.

Je vous déclare que ces audacieux brigands, sans doute soldés par l'Angleterre, se sont mis en rebellion contre le Conseil des Anciens, et ont osé parler de mettre hors la loi le général chargé de l'exécution de son décret : comme si nous étions encore à ce temps affreux de leur règne, où ce mot de *hors la loi* suffisoit pour faire tomber les têtes les plus chères à la patrie.

Je vous déclare que ce petit nombre de furieux *se sont mis eux-mêmes hors la loi* par leurs attentats contre la liberté de ce Conseil. Au nom de ce peuple qui, depuis tant d'années, est le jouet de *ces misérables enfans de la terreur*, je confie aux guerriers le soin de délivrer la majorité de leurs représentans, afin que, délivrée des stylets par les baïonettes, elle puisse délibérer sur le sort de la République.

Général, et vous soldats, et vous tous citoyens, vous ne reconnoîtrez pour législateurs de la France que ceux qui vont se rendre auprès de moi. Quant à ceux qui resteroient dans l'Orangerie, que la force les expulse!..... ces brigands ne sont plus les représentans du peuple, mais les *représentans du poignard*...l. Que ce titre leur reste ; qu'il les suive par-tout ;...... et lorsqu'ils oseront se montrer au peuple, que tous les doigts les désignent sous ce nom mérité, des *représentans du poignard*.....

Vive la République !

DISCOURS

SUR LA SITUATION DE LA RÉPUBLIQUE,

Prononcé dans le Conseil des Cinq-Cents, à la séance de la nuit, tenue à Saint-Cloud par le Corps législatif le 19 brumaire an 8.

REPRÉSENTANS DU PEUPLE,

La République mal gouvernée, tiraillée dans tous les sens, minée par l'affreux épuisement des finances, croule de toutes parts..... Point de confiance, et dès-lors point de ressource, ni force, ni ensemble dans le gouvernement; et dès-lors l'incertitude, et la guerre intestine se rallumant par-tout : point de garantie pour les puissances étrangères, et dès-lors point d'espérance d'arriver à la paix.

Tous les cœurs des bons citoyens sentoient le mal; tous les vœux appeloient le remède.... La sagesse du Conseil des Anciens s'est éveillée; mais les yeux encore fixés sur les dernières tentatives d'une faction exécrable, le Conseil des Anciens a transféré hors de Paris la résidence du Corps législatif.

C'est nous maintenant qui avons l'initiative; nous seuls devons proposer les remèdes à la dissolution générale qui nous menace..... Le peuple et l'armée nous regardent.... Pourrions-nous craindre de sonder la plaie? Pourrions-nous, par une lâche pusillanimité, changer en indignation l'alégresse publique?

Entraînés par le torrent de l'opinion, quelques membres du Directoire ont déposé leur puissance; d'autres les ont imités, persuadés que la cause de tous nos maux est dans la mauvaise organisation du système

A 3

politique, Il n'y a plus de Directoire exécutif..... L'expérience comme la raison prouve que l'organisation actuelle de la constitution est aussi vicieuse que ses bases sont augustes. Cette organisation incohérente nécessite chaque année une secousse politique, et ce n'est pas pour avoir tous les ans des secousses que les peuples se donnent des constitutions!!!

Le sentiment national universel attribue tous les malheurs de la patrie aux vices de la nôtre. Placés, dans la position où nous sommes, à l'abri des factions, nous n'avons point d'excuse, si nous ne faisons pas le bien : si nous oublions aujourd'hui que le salut du peuple est la suprême loi ; si nous ne prêtons pas un prompt appui à l'édifice politique qui s'écroule, nous nous chargeons de l'exécration justement méritée du siècle présent et des siècles futurs....

Il existe des principes constitutionnels, nous voulons tous maintenir ces principes ; mais il n'existe plus d'organisation constitutionnelle ; car celle qui existe a été violée tour à tour par tous les partis. On peut en imposer par des mots vides de sens aux peuples ignorans et crédules ; mais on ne peut en imposer au peuple le plus instruit et le plus impatient de la terre. Croyez-vous qu'il ignore que cette organisation, qui ne lui a garanti aucun de ses droits tant promis, et dont tant de mains ont arraché les pages à peine écrites, n'est plus qu'une arme offensive ou défensive dont chaque faction se prévaut tour à tour ?..... Et s'il est vrai qu'aucun droit ne soit garanti par elle, devons-nous tarder à la modifier ? et si nous tardions, pouvons-nous douter que les fauteurs des dangers de la patrie ne ressaisissent, à la première occasion, le moment que nous aurons laissé échapper ?...

A

Telle est la question que j'adresse à chacun de mes collègues. Méditons, et prononçons ensuite, dans toute la liberté de notre ame, sur la situation de la patrie . . . . . Cet ancien palais des rois où nous siégeons dans cette nuit solemnelle, atteste que la puissance n'est rien, et que la gloire est tout . . . . . Si nous sommes indignes aujourd'hui du premier peuple de la terre ; si, par des considérations pusillanimes et déplacées, nous ne changeons pas l'affreux état où il se trouve ; si nous trompons ses espérances, dès aujourd'hui nous perdons notre gloire, et nous ne garderons pas long-temps notre puissance : lorsque la mesure des maux se comble, l'indignation des peuples s'approche.

J'ai cru, représentans du peuple, pouvoir vous tenir ce langage : de vos délibérations dépendent la prospérité publique et la paix. Vous devez oublier tous les liens factices, et ne vous ressouvenir que du bonheur du peuple français dont vous êtes chargés. Je livre à vos méditations profondes les idées que je viens d'émettre. Je demande qu'il soit nommé, séance tenante, une commission spéciale de neuf membres, chargée de présenter ses vues sur votre situation actuelle et les moyens de l'améliorer.

Ce matin des assassins revêtus de la toge ont fait retentir ces voûtes des cris de la rage et des accens de la fureur . . . Votre courage, celui des soldats de la patrie les ont arrêtés ; à cette heure leur règne est passé. Mais achevons de peindre au monde épouvanté la hideuse physionomie de ces enfans de la terreur. Ce qui se dit dans cette nuit du 19 brumaire, au milieu de cette enceinte, sera répété par les siècles.

Pendant que votre commission travaille au salut

de la patrie, permettez-moi de vous entretenir pour la dernière fois de ceux qui avoient juré sa perte.

Ils répètent sans cesse les mots d'attentat à la constitution et de sermens violés. . . . Eux qui, lorsqu'il faut donner au peuple français le bonheur et la paix, affectent tant de scrupules politiques, que faisoient-ils, que disoient-ils il y a quelques mois? Avoient-ils alors oublié leurs sermens, lorsque, conspirant dans les ténèbres et réunissant tous les élémens révolutionnaires, ils appeloient la discorde et l'épouvante dans le sein de la patrie, et qu'ils désignoient tous les hommes généreux à la proscription? Croient-ils que nous ayons oublié, que la France ait oublié ces jours de deuil où la terreur gravitoit de nouveau sur l'horizon menaçant? Croient-ils que nous ayons oublié leurs projets de convention, de comité de salut public, de carnage et d'effroi? Qu'avoient-ils fait alors de leurs sermens? Le peuple français nous écoute; et puisqu'ils osent se parer du masque de la vertu, je veux le leur arracher, et livrer à la France épouvantée ces figures hideuses, livides encore des projets de destruction anéantis par notre courage.

Ils parlent de vertu, de constitution, de sermens! Qu'ils répondent, je les interpelle. Qu'avoient-ils fait de leurs sermens, ce jour où, dans cette caverne du manége, oubliant leur caractère de représentans du peuple, ils alloient se mêler aux assassins pour appeler les poignards sur nos têtes? Parloient-ils constitution, lorsqu'au milieu de leurs sicaires ils s'écrioient qu'il falloit que le peuple se sauvât lui-même, et que nos têtes n'étoient plus populaires? Audacieux conspirateurs, ils appeloient alors à l'insurrection! et aujourd'hui, lâches caméléons, ils invoquent cette charte sur laquelle ils avoient déja imprimé leurs mains ensanglantées!!!

Ils espéroient faire déborder une seconde fois sur notre sol le torrent de leur affreuse domination, et ils ne trouvoient plus alors que la constitution fût une digue suffisante pour les arrêter : et lorsqu'il s'agit de donner la paix et le bonheur à la France, ils trouvent que cette digue est un obstacle invincible ! C'est ainsi que changeant sans cesse de masque, leur figure est toujours la même : c'est la figure affreuse du crime, de la bassesse et de la tyrannie.

Mais ce moment doit les démasquer tout entiers. Nous avions gardé le silence sur leurs complots fratricides, parce que nous devions présumer qu'ils préféroient la générosité à la justice. . . . . Mais ils prennent, eux, la générosité pour la foiblesse, et nous devons cesser aujourd'hui d'être généreux.

Ils parlent toujours du peuple et pour le peuple : eh bien ! je l'évoque autour de nous ce peuple répandu sur l'immense République ; que ses flots majestueux nous pressent, nous entourent ; qu'il nous écoute, et qu'il juge.

Depuis que la constitution existe, les démagogues ne cessent de conspirer contre elle pour lui substituer leur code de 93. Il y a quatre mois qu'ils avoient cru voir arriver le moment de la mort ; ils conspiroient tous les jours et toutes les nuits, et c'étoit sans doute en faveur du peuple : car ils vouloient lui rendre les inappréciables bienfaits du *maximum*, de la famine, des tribunaux révolutionnaires, des échafauds, et tant d'autres lois qu'ils appeloient *bonheur commun* ! La patrie fut en proie un instant aux ennemis étrangers ; et comme s'ils avoient attendu le signal, ils s'élancèrent aussi en vautours sur la patrie, et ils crurent pouvoir accomplir leurs projets. Vouloient-ils alors la constitution de l'an 3 , ces sénateurs intègres qui montrent tant de zèle aujourd'hui ? la vouloient-ils lorsque des hordes d'assassins , ramassés par leurs ordres autour de nos palais , préludoient à notre assassinat par les injures ? . . . Les voix féroces de leurs frères demandoient notre sang ; et lorsqu'on nous offroit d'une main le poignard , de l'autre on leur offroit le sceptre de plomb. Eux observoient , écoutoient avec complaisances ces hommes bourreaux , ces femmes furies qui sourioient à leurs sourires ; ils traversoient leurs rangs d'un air calme et d'un pas lent , comme le triomphateur qui savoure à longs traits les cris de l'alégresse publique. Ils montroient leurs cartes à ces groupes infernaux , et ils étoient salués du titre de représentans fidèles. . . . . Oui , ils étoient fidèles à l'assassinat et au brigandage. . . . . et aujourd'hui ils osent parler principes ! Ils ont perdu le droit de le faire. Ils sont condamnés au silence et à l'exécration ; il est passé le temps de l'indulgence et de la foiblesse , et les hommes de bien ont enfin senti que la guerre civile même seroit préférable à l'infamie de leur joug.

Mais vous , pères de la patrie , vous qui voulez donner à la France le bonheur et la paix , vous êtes enfin séparés de ces hommes , et leur petit nombre doit les épouvanter autant que la multitude de leurs crimes. . . . . Leur groupe affreux est livré à la contemplation du public , à l'animadversion des guerriers. . . . . à l'horreur du monde.

La France , les armées , l'Europe , l'Afrique et l'Asie nous contemplent. . . . Si nous étions foibles aujourd'hui , nous serions les plus lâches des hommes : quant à moi , j'ai rougi de porter plus long-temps la toge , lorsque les clameurs et les poignards de quelques factieux étouffoient dans cette enceinte les cris de trente millions d'hommes qui demandent la paix ; je rougirois encore de l'avoir reprise , si , délivrés du joug des démagogues assassins , vous pouviez , dans cette séance décisive , reculer devant le salut de la patrie.

Je demande que votre commission soit entendue séance tenante.

Vive la République !

DISCOURS DE CLOTURE.

Représentans du peuple,

La liberté française est née dans le jeu de paume de Versailles : depuis l'immortelle séance du jeu de paume , elle s'est traînée jusqu'à vous , en proie tour à tour à l'inconséquence , à la foiblesse et aux maladies convulsives de l'enfance.

Elle vient aujourd'hui de prendre la robe virile : elles sont finies dès aujourd'hui toutes les convulsions de la liberté. . . . . A peine venez-vous de l'asseoir sur la confiance et l'amour des Français , et déja le sourire de la paix et de l'abondance brille sur ses lèvres.

Représentans du peuple , entendez les bénédictions de ce peuple et de ces armées long-temps le jouet des factions intestines , et que leurs cris pénètrent jusqu'au fond de vos ames. Entendez aussi le cri sublime de la postérité. « Si la liberté naquit dans » le jeu de paume de Versailles , elle fut consolidée

» dans l'orangerie de Saint-Cloud ; les constituans
» de 89 furent les pères de la révolution, mais les
» législateurs de l'an 8 furent les pères et les pacifi-
» cateurs de la patrie. »

Ce cri sublime retentit déjà dans l'Europe : chaque
jour il s'accroîtra, et dans sa force universelle il em-
brassera bientôt les cent bouches de la renommée.

Vous venez de créer une magistrature extraordi-
naire et momentanée dont les effets doivent ramener
l'ordre et la victoire, seul moyen d'arriver à la paix.

Auprès de cette magistrature vous avez placé deux
commissions pour la seconder, et s'occuper de l'amé-
lioration du système social que tous les vœux ré-
clament.

Dans trois mois, vos consuls et vos commissaires
vous rendront compte de leurs opérations : ils vont
travailler pour le bonheur de leurs contemporains et
pour la postérité : ils sont investis de tous les pou-
voirs nécessaires pour faire le bien. Plus d'actes
oppressifs, plus de titres ni de listes de proscription,
plus d'immoralité ni de bascule. … Liberté, sûreté
pour tous les citoyens : garantie pour les gouvernemens
étrangers qui voudront faire la paix ; et quant à ceux
qui voudroient continuer la guerre, s'ils ont été
impuissans contre la France désorganisée, livrée à
l'épuisement et au pillage, que sera - ce aujour-
d'hui ?.....

Qu'il est beau le mandat que vous avez donné
aux consuls de la République ! . . . . . . Dans peu le
peuple français, et vous, jugerez s'ils ont su le rem-
plir. . . . .

Je déclare, au nom du Corps législatif, que le Conseil des Cinq-Cents est ajourné au premier ventose dans son palais.

A cette déclaration solemnelle la présente session se termine. — Puisse la prochaine s'ouvrir avant trois mois au milieu d'un peuple heureux, tranquille et pacifié !

Vive la République !

En s'adressant aux trois consuls qui arrivent dans la salle au milieu d'un nombreux cortége, et qui s'ar-rêtent devant le bureau, le président continue debout et découvert :

Citoyens consuls,

Le plus grand peuple de la terre vous confie ses destinées : dans trois mois l'opinion vous attend. . . . .. Le bonheur de 30 millions d'hommes, la tranquillité intérieure, les besoins des armées, la paix, tel est le mandat qui vous est donné : il faut sans doute du courage et du dévouement pour se charger d'aussi importantes fonctions; mais la confiance du peuple et des guerriers vous environne, et le Corps lé-gislatif sait que vos ames sont toutes entières à la patrie.

Citoyens consuls, nous venons, avant de nous ajourner, de prêter le serment que vous allez répéter au milieu de nous, le serment sacré de « fidélité » inviolable à la souveraineté du peuple, à la Répu-

» blique française, une et indivisible, à l'égalité, à la
» liberté et au système représentatif. »

*A ces mots, les citoyens Sieyes, Bonaparte et Roger-
Ducos répètent le serment, et la séance se lève au milieu
des cris mille fois répétés de vive la République.*

BAUDOUIN, imprimeur du Corps législatif.

9 782329 136189